Soy Leonardo da Vinci

Brad Meltzer

ilustraciones de Christopher Eliopoulos

traducción de Isabel C. Mendoza

VISTA

Cuando todavía era un niño, mientras daba una caminata, encontré una maravillosa cueva.

Quería saber qué había dentro.

¡GUAU!

Primero, quise echar un vistazo, pero estaba muy oscuro.

En ese momento, sentí dos cosas: miedo...

y deseo, porque *la verdad* es que tenía muchas ganas de saber qué había allí dentro.

Me incliné hacia el otro lado, pero tampoco pude ver nada.

Entre más me acercaba, me parecía que estaba más oscuro, como si las sombras me fueran a tragar de un bocado.

Parado frente a aquella cueva, tomé una decisión. Si quieres aprender cosas nuevas, tienes que dejarte llevar por tu curiosidad.

En aquella época, los niños más ricos, de "buena" familia, iban a las mejores escuelas.
Yo no era uno de ellos.

EN ESTA "ESCUELA DE ÁBACO", APRENDÍ ALGO DE MATEMÁTICAS.

PERO CASI TODO LO QUE SÉ LO APRENDÍ SOLO.

Como aprendía por mi cuenta, estaba más abierto a nuevas experiencias e ideas.
En consecuencia, pensaba de manera diferente a los demás.

Ni siquiera escribía como los demás.

Yo era zurdo, lo cual por aquel entonces se consideraba raro y extraño.

EN LUGAR DE ESCRIBIR DE IZQUIERDA A DERECHA,

YO LO HACÍA DE DERECHA A IZQUIERDA, TRAZANDO LAS LETRAS AL REVÉS, ASÍ:

USA UN ESPEJO PARA LEER ESTO.

Parece un código secreto, pero no lo era.

Era una práctica común para evitar que la tinta se corriera.

Nunca fui el mejor estudiante.
Me distraía y aburría con facilidad, a menos que estuviera haciendo algo creativo, como arte.

Él me enseñó a mezclar pinturas,

a dibujar y esculpir mirando un modelo

y a trabajar con máquinas, en proyectos grandes.

Lo más importante es que, en el taller de Verrocchio, se hablaba de anatomía, geometría, arquitectura y del mundo antiguo. Además, había libros sobre todos los temas.

SE PUEDE PONER UN CÍRCULO DENTRO DE UN CUADRADO, ASÍ...

¡GUAU!

La primera obra mía que se ha preservado fue un escudo que pinté por encargo.

LE PONDRÉ UN MONSTRUO, ¡COMO UN DRAGÓN QUE ARROJE FUEGO POR LA BOCA Y ESCUPA VENENO!

Para hacerlo más realista, no solo usé pintura.

Le puse partes de cuerpos reales de lagartijas, culebras, murciélagos, grillos, saltamontes y hasta mariposas.

Olía tan mal que mi padre se quedó con ese escudo y compró otro para dárselo al cliente.

Esa no fue mi mejor obra. Pero aquel escudo después se vendió, ¡y llegó a pertenecer al duque de Milán!

¿Yo era perfecto? No, para nada.

Me distraía tanto, y a veces me sentía tan solo, que no llegué a terminar muchas de mis pinturas.

Y cuando las terminaba, no me parecía que fueran muy buenas.

Sin importar en qué estuviera trabajando, examinaba con detenimiento mi tema, estudiando cada detalle. Me interesaban de manera especial las aves.

Mis mejores cualidades eran la curiosidad y la observación. Todo lo que veía lo anotaba en mis cuadernos.

Yo quería aprender sobre TODO.

Cada día traía una oportunidad de observar algo nuevo. Yo llenaba mis cuadernos de dibujos, ideas, arte y cualquier cosa que me pareciera interesante, incluyendo largas listas de cosas que deseaba hacer.

Espera, ¿ya te conté que fui científico...?

Y también fui inventor, por supuesto.
Cada dato que obtenía me conducía a nuevos descubrimientos.
¡Mira mis diseños!

Hoy, la gente se pregunta quién era ella.
No era nadie famoso.
Era como el resto de nosotros: común y corriente, e increíble;
llena de misterios y preguntas, como el mundo que nos rodea.

En vida, me llamaban genio, un hombre del Renacimiento.
También decían que era raro y extraño.
Eso no es malo.
Nada asombroso le sucede a quien piensa como los demás.

Observa la naturaleza con atención.
No hay dos árboles iguales.
Tampoco hay dos humanos iguales.
Eso significa que nadie puede ver el mundo como tú lo ves.
Eso no es raro ni extraño.
Es hermoso.
Haz lo que nunca antes se ha hecho.
Construye lo que nunca antes se ha construido.
Y cuando lo hagas...

A veces, las ideas locas son las mejores ideas.

Incluso aquellas que fallan.

Mis alas no me hicieron volar.

Mi equipo de buceo no me sirvió para respirar bajo el agua.

Mi pre-helicóptero nunca despegó.

Pero, con el tiempo, a medida que la tecnología y la innovación alcanzaron mis ideas, todas ellas funcionaron.

Mantén tu curiosidad intacta.
Haz preguntas.
Observa con atención.
Y siempre atrévete.

Soy Leonardo da Vinci, y sé que las ideas nuevas son hermosas.

Leonardo da Vinci
La última cena, 1495

"La sabiduría... es el sustento y la única riqueza confiable de la mente".
—Leonardo da Vinci

Línea cronológica

15 DE ABRIL DE 1452	ALREDEDOR DE 1468	ALREDEDOR DE 1473	1477	1482	ALREDEDOR DE 1490
Nace cerca de Vinci, Italia.	Ingresa al estudio de Verrocchio, en Florencia.	Hace el primer dibujo de que se tenga noticia (un paisaje).	Abre su propio taller en Florencia.	Comienza a llevar cuadernos de notas; se muda a Milán.	Termina el *Hombre de Vitruvio*.

Turistas toman fotos de la *Mona Lisa* en el Museo de Louvre

Autorretrato en tiza, a los cincuenta años de edad

Vinci, Italia

1495	1498	1502	1503	1505	2 DE MAYO DE 1519
Comienza a pintar *La última cena*.	Intenta usar por primera vez una máquina de volar.	Se hace ingeniero del ejército.	Comienza a pintar la *Mona Lisa*.	Intenta volar por segunda vez.	Muere en Clos Lucé, Amboise, Francia.

Para Noah Kuttler, el maestro del conocimiento arcano y el amigo más leal que conozco. Tú haces progresar nuestro arte.
—B. M.

Para Erik Larsen, quien dijo las simples palabras "Tienes dos páginas al mes para que hagas lo que quieras". Eso me hizo regresar a la caricatura. Es un buen amigo.
—C. E.

En aras de la precisión histórica, usamos las obras de arte reales de Leonardo da Vinci siempre que fue posible. Para más citas textuales de Leonardo, recomendamos y reconocemos los títulos citados abajo. Un agradecimiento especial para Walter Isaacson por sus comentarios a los primeros borradores.

··

FUENTES

Leonardo da Vinci, Walter Isaacson (Simon & Schuster, 2017)
Leonardo da Vinci: Notebooks, selección de Irma Richter (Oxford University Press, 2008)
Leonardo da Vinci, Kenneth Clark (Penguin, 1989)

DÓNDE VER PINTURAS DE LEONARDO DA VINCI

Mona Lisa: Museo de Louvre, París, Francia
La última cena: Convento de Santa María de la Gracia, Milán, Italia
Ginebra de Benci (la única pintura en exhibición pública en las Américas):
Galería Nacional de Arte, Washington, D. C.

··

© 2024, Vista Higher Learning, Inc.
500 Boylston Street, Suite 620
Boston, MA 02116-3736
www.vistahigherlearning.com
www.loqueleo.com/us

© Del texto: 2020, Forty-four Steps, Inc.
© De las ilustraciones: 2020, Christopher Eliopoulos

Publicado originalmente en Estados Unidos bajo el título *I Am Leonardo da Vinci* por Dial Books for Young Readers, un sello de Penguin Random House LLC, Nueva York. Esta traducción ha sido publicada bajo acuerdo con Forty-four Steps, Inc. y Christopher Eliopoulos c/o Writers House LLC.

Dirección Creativa: José A. Blanco
Vicedirector Ejecutivo y Gerente General, K–12: Vincent Grosso
Desarrollo Editorial: Salwa Lacayo, Lisset López, Isabel C. Mendoza
Diseño: Radoslav Mateev, Gabriel Noreña, Andrés Vanegas, Manuela Zapata
Coordinación del proyecto: Karys Acosta, Tiffany Kayes
Derechos: Jorgensen Fernandez, Annie Pickert Fuller, Kristine Janssens
Producción: Thomas Casallas, Oscar Díez, Sebastián Díez, Andrés Escobar, Adriana Jaramillo, Daniel Lopera, Daniela Peláez
Traducción: Isabel C. Mendoza

Soy Leonardo da Vinci
ISBN: 978-1-66991-518-8

Todos los derechos reservados. Esta publicación no puede ser reproducida, ni en todo ni en parte, ni registrada en o transmitida por un sistema de recuperación de información, en ninguna forma ni por ningún medio, sea mecánico, fotoquímico, electrónico, magnético, electroóptico, por fotocopia o cualquier otro, sin el permiso previo, por escrito, de la editorial.

Boceto del tanque de la página 26: cortesía de Liana Bortolon/*The Life and Times of Leonardo*/Octopus Publishing Group.
Página 39: foto de Vinci, Italia, cortesía de Maremagnum/Photodisc/Getty Images; foto de *Mona Lisa* en el Louvre, cortesía de Pedro Fiúza/NurPhoto/Getty Images.

Printed in the United States of America

1 2 3 4 5 6 7 8 9 GP 29 28 27 26 25 24